LOS ASTROS

AUTORES Susanna Arànega / Joan Portell
EDICIÓN Y CONCEPCIÓN GRÁFICA Gemma Roset

1 LOS ASTROS

ADEMÁS DE LA TIERRA, EL SOL Y LA LUNA,
EN EL ESPACIO HAY OTROS ASTROS.

LA TIERRA ES NUESTRO PLANETA.

2 LA TIERRA Y EL SOL

LA TIERRA ES UN PLANETA Y GIRA ALREDEDOR DEL SOL.

SOL

TIERRA

EL SOL ES UNA ESTRELLA
QUE NOS DA LUZ Y CALOR.

3 EL DÍA Y LA NOCHE

DE DÍA LA LUZ DEL SOL ILUMINA LA TIERRA.

ALBA

DÍA

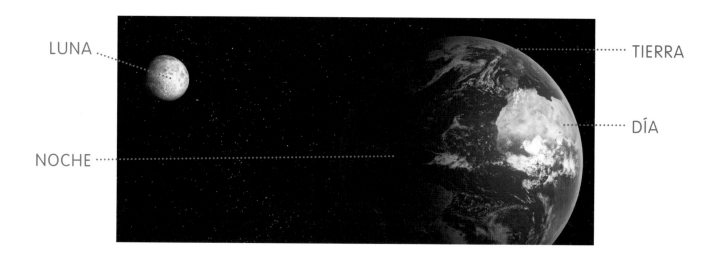

LUNA

NOCHE

TIERRA

DÍA

LA NOCHE COMIENZA CUANDO SE VA LA LUZ DEL SOL.

PUESTA DE SOL

NOCHE

4 LAS ESTACIONES

EL AÑO TIENE CUATRO ESTACIONES.

PRIMAVERA

VERANO

EN VERANO EL SOL ILUMINA Y CALIENTA MÁS
Y LOS DÍAS SON MÁS LARGOS. EN INVIERNO
EL SOL CALIENTA MENOS Y LOS DÍAS SON CORTOS.

OTOÑO

INVIERNO

5 EL SISTEMA SOLAR

EL SISTEMA SOLAR INCLUYE OCHO PLANETAS.
LA TIERRA ES UN PLANETA DEL SISTEMA SOLAR.

MERCURIO

VENUS

TIERRA

MARTE

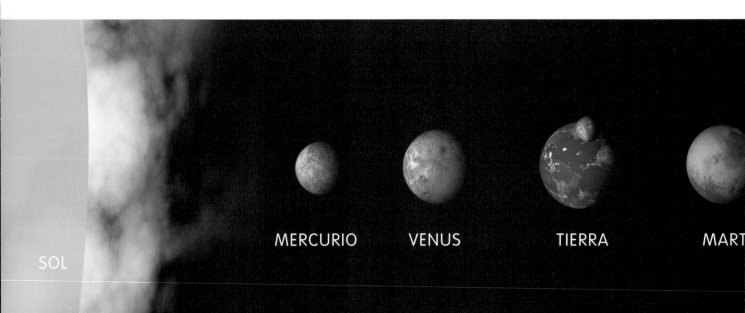

SOL

MERCURIO

VENUS

TIERRA

MART

LOS ASTROS NO TIENEN TODOS EL MISMO TAMAÑO.
EL SOL ES EL ASTRO MÁS GRANDE DE TODOS.

JÚPITER

SATURNO

URANO

NEPTUNO

JÚPITER

SATURNO

URANO

NEPTUNO

6 LOS SATÉLITES. LA LUNA

LOS ASTROS QUE GIRAN ALREDEDOR DE UN PLANETA
SON LOS SATÉLITES. LA LUNA ES EL SATÉLITE DE LA TIERRA.

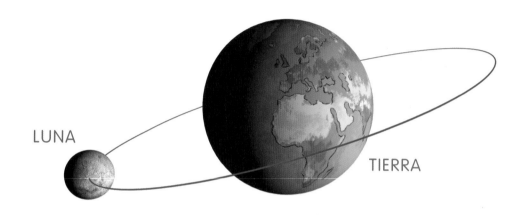

LUNA

TIERRA

LA LUNA PRESENTA CUATRO FASES DIFERENTES.

CRECIENTE   LLENA   MENGUANTE   NUEVA

CRÁTER

CUANDO UN PLANETA O UN
SATÉLITE TAPA LA LUZ DEL SOL A
OTRO, SE PRODUCE UN ECLIPSE.

ECLIPSE DE SOL

ECLIPSE DE LUNA

LA TIERRA ATRAE TODO LO QUE TIENE CERCA.
HACE QUE LAS COSAS PESEN Y CAIGAN HACIA ABAJO.
ESTA ATRACCIÓN ES LA GRAVEDAD.

MAREA BAJA

LAS MAREAS SON MOVIMIENTOS DEL MAR QUE DEPENDEN DE LA LUNA.

MAREA ALTA

8 ESTRELLAS Y GALAXIAS

LAS ESTRELLAS SE VEN DE NOCHE. A VECES PARECE
QUE FORMEN DIBUJOS, SON LAS CONSTELACIONES.

TELESCOPIO

UNA GALAXIA ES UNA AGRUPACIÓN DE MUCHAS
ESTRELLAS, PLANETAS Y SATÉLITES.

VÍA LÁCTEA

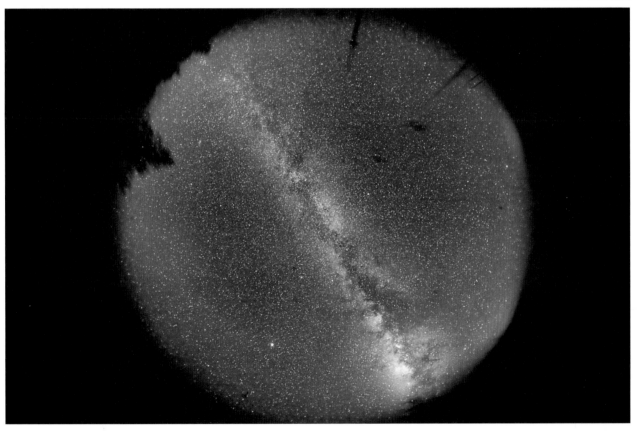

LA TIERRA Y EL SOL FORMAN PARTE
DE UNA GALAXIA QUE SE LLAMA
VÍA LÁCTEA.

9 LOS METEORITOS

LOS METEORITOS SON TROZOS DE ROCA QUE SE MUEVEN POR EL ESPACIO Y A VECES CAEN SOBRE LA TIERRA.

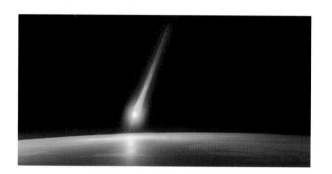

CRÁTER DE METEORITO

Y LOS COMETAS

LOS COMETAS SON ASTROS BRILLANTES
QUE TIENEN UNA COLA MUY LARGA.

10 OBSERVAR LOS ASTROS

LOS TELESCOPIOS Y LOS SATÉLITES ARTIFICIALES
SIRVEN PARA OBSERVAR EL ESPACIO.

OBSERVATORIO

SATÉLITE ARTIFICIAL

LOS OBSERVATORIOS
TIENEN TELESCOPIOS
MUY GRANDES.

Y EL ESPACIO

LAS PERSONAS QUE VIAJAN
AL ESPACIO SON LOS ASTRONAUTAS.

MÓDULO LUNAR

PARA SALIR AL ESPACIO
SE NECESITAN
UNOS TRAJES ESPECIALES.

EN EL ESPACIO LOS ASTRONAUTAS
FLOTAN PORQUE NO HAY GRAVEDAD.

ESTE PROYECTO HA SIDO ELABORADO POR EL EQUIPO PEDAGÓGICO Y EDITORIAL DE TEXT-LA GALERA
Coordinación del proyecto: **Àngels Farré** Coordinación pedagógica: **Anna Canals** Dirección: **Xavier Carrasco**
Dirección de la Galera: **Lara Toro**

Primera edición: mayo del 2009 • Diseño gráfico: Endora disseny • Maquetación: Montserrat Estévez • Retoque digital: Aleix Pons

Fotografías: AbleStock, AGE, À. Farré, Fotolia, I. Vàzquez, M. Nigot, NASA, Stephane Guisard, Stock.xchng

© 2009, Susanna Arànega, Joan Portell, por el texto • © 2009, La Galera, SAU Editorial, Josep Pla, 95, 08019 Barcelona • www.editorial-lagalera.com

lagalera@grec.com • Impresión: Egedsa. Roís de Corella, 16. 08205 Sabadell • ISBN: 978-84-246-3160-4 • Depósito legal: B-17.238-2009